The Temple of Heaven

天坛

SERIES

带你走进博物馆

天坛公园管理处 编著

文物出版社

目 录 Contents

明清皇帝的祭天之所 —— 天坛   5

祈求五谷丰登的祈谷坛   13

祈年殿   14

皇乾殿   26

古稀门   29

神厨   30

长廊   31

宰牲亭   33

七星石   35

丹陛桥   36

花甲门   38

具服台   40

鬼门关   42

天人对越的圜丘坛   43

圜丘   43

皇穹宇   55

三库   60

天 坛

宰牲亭   61

神厨   63

斋心涤虑申诚敬的斋宫   65

斋宫   65

无梁殿   69

寝宫   75

钟楼   77

演练祭天乐舞的神乐署   80

凝禧殿   83

显佑殿   85

消失了的记忆 —— 牺牲所、崇雩坛   87

牺牲所   87

崇雩坛   89

迁来的古建 —— 百花亭、双环亭、扇面亭   91

苍劲虬虬的古树名木   95

赠　言

　　未成年人将要承担中华民族伟大复兴的重任。关心未成年人的健康成长，关心他们的思想道德的建设是我们每个人的责任，各类博物馆不仅是展示我国和世界优秀历史文化的场所，也是未成年人学习知识、培养情操的第二课堂。

　　让这套丛书带你走进博物馆，让博物馆伴随你成长。

国家文物局局长　单霁翔

2004 年 12 月 9 日

明清皇帝的祭天之所——天坛

在北京市崇文区永内大街的东侧，坐落着一处坛域面积非常广阔、遍植松柏的古代皇家坛庙园林建筑，它就是世界上现存建筑规模最大、保存最为完整的中国古代皇家祭祀建筑群，已被列入世界遗产名录的——天坛。

天坛自明永乐十八年（1420年）建成，至今已有近600年的历史了，其间共有22位明清皇帝在这里举行过国家祭天大典。在古代，皇帝每年都要亲临许多重要的祭祀活

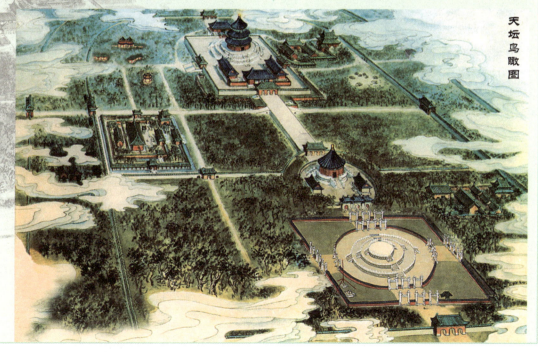

天坛鸟瞰图

带你走进博物馆

动，其中前往天坛祭天是首当其冲的大事，在天坛举行的祭祀活动主要包括每年冬至举行的祭天大典、孟春之时（春季第一个月即正月）举行的祈谷大典、孟夏之时（夏季的第一个月）举行的常雩大典等。

祭天是我国古代统治者非常重视的一项礼仪，人们通过建造圆形的祭天坛举行一系列祭天活动以及用载歌载舞的形式表达人类对上天的敬畏和尊崇。中国祭天的历史可以追溯至远古时期，古代社会生产力低下，受认识水平的限制，人们认为天是神秘莫测的，世间的祸福都在上天的掌控之中，一切都希望于"万能"的天帝，为人间降福。

传说早在黄帝时期就已经有祭天的行为。到了西周以后，在中国逐渐形成了以"礼莫大于敬天，仪莫大于郊祀"为核心的祭祀制度，意思是敬天之礼、郊祀之仪均为各项礼仪中最重要、最隆重的。而且祭天逐渐发展成为国家的最高统治者 —— 天子所独擅的行为。正如《礼记·王制》中记载："天子祭天地，诸侯祭社稷，大夫祭五祀。"明确表明只有天子才可以祭祀天地，而其他身份的人是没有这个权力的。

如今展现在世人面前的天坛，是在明清时期多位皇帝密切关注和亲自过问下陆续修建而成的。历史上对北京天坛建成影响最为深远的皇帝当属明代的永乐皇帝朱棣、嘉靖皇帝朱厚熜及清代乾隆皇帝爱新觉罗·弘历。在几位皇帝当政期间，先后奠定了天坛祭天建筑的格局并促进了祭天制度的日趋成熟。

在明清时期天坛一直作为京师坛庙之首，受到封建皇权的特殊瞻护。在这漫长的岁月中，天坛历经了封建政权交替、朝代更迭，见证了北京城的变迁。清朝灭亡以后，天坛结束了其作为皇家祭坛的命运。1918年1月1日天坛正式成为公园对外开放。现在的天坛不仅成为人们怡养身心的公共游览场所，而且是接受传统文化教育的皇家园林式博物馆。

作为中国封建社会最后一处皇帝祭天的场所，天坛的营建充分融入和吸纳了中国古代祭祀文化的精髓，它所包含的建筑思想、建筑技艺均表现出了中国古代祭祀建筑的最高水平，是我国古代祭祀建筑之精品，其严谨有序的建筑布局、独树一帜的建筑形式、

寓意深远的建筑规制使其成为中国古代建筑艺术中的杰出代表。

1961年3月4日，天坛被国务院列为第一批全国重点文物保护单位。1998年12月2日，天坛被联合国教科文组织世界遗产委员会列入世界遗产名录，成为世界文化遗产中的一员。

天坛的建筑布局和建筑形式非常有特点，其整体布局呈北圆南方，象征天圆地方。其主要建筑形式也多呈现圆形，象征天圆，这种圆形的造型不仅反映了我国古人对天地形态的一种原始认识，也反映了朴素的宇宙观。两道坛墙将天坛分为外坛、内坛。天坛主要景区集中在内坛中轴线上，中轴线北端为祈谷坛，南端为圜丘坛。

带你走进博物馆

北端的祈谷坛主要包括皇乾殿、祈年殿、长廊、北神厨、北宰牲亭、丹陛桥、具服台等景点。其中祈年殿是我国现存最大的圆形木结构建筑，它不仅是天坛的标志性建筑，同时也被视为首都北京的形象代表。明清时期每年正月皇帝率群臣在此举行孟春祈谷大典，祈求五谷丰登、风调雨顺。

南端的圜丘坛分布有圜丘、皇穹宇、南神厨、三库、南宰牲亭。每年冬至日皇帝在此举行祭天大典，表达对上天的崇敬之情，乾隆以后每年孟夏雩祀也在圜丘举行。圜丘是一座由艾叶青石铺就的三层洁白圆形祭坛，上层坛面中心是著名的天心石，人若站在上面讲话，声音会变得洪亮有力，如同身处天庭。闻名遐迩的"回音壁"就是指圜丘

北面的皇穹宇四周的围墙，院内还有耐人寻味的三音石、对话石等回音奇石。祈谷坛、圜丘坛之间由长约360米的丹陛桥相连。这是一条笔直宽阔的石路，由南向北渐次升高，使人产生"渐入仙境"之感。

在坛域西南侧还坐落着斋宫和神乐署两处重要古迹。斋宫主要包括无梁殿、寝宫、钟楼等，这里是皇帝祭祀大典前进行斋戒的场所。皇帝在此摒除一切私心杂念，清心寡欲，洁净身心，以与天交。斋宫内举办有"大祀斋戒"为主题的展览。神乐署偏安于外坛西南隅，主要包括凝禧殿、显佑殿及周围廊房，是祭祀大典前乐舞生演练祭祀乐舞的场所。现在辟为中国古代皇家音乐展，对公众传播古代祭祀音乐知识。

天坛的建筑虽不属同一时期建成，却规划合理、严谨，除斋宫、神乐署外，多集中分布在贯穿天坛南北的主轴线上。各组建筑互不统属，各自独立，形成错落有致、遥相呼应的格局。

　　天坛除了以古建筑取胜之外，坛内还分布着北京市区内最大面积的古柏绿地，成为引人入胜的另一道亮丽风景。天坛现存古柏3500余株，这些古柏多植于明清时期，其沟壑纵横的枝干见证了天坛五百多年的历史。漫步其间，不仅呼吸到清新的空气，还能领略天坛郊野祭天的独特意境。

天坛古柏

带你走进博物馆

天坛拥有精美的建筑形式，深厚的祭天文化底蕴，还拥有北京市区内最大面积的古柏绿地，因此天坛可称之为祭祀建筑博物馆、祭天文化博物馆以及园林艺术博物馆，堪称价值珍贵的文化宝藏。联合国教科文组织世界遗产委员会对其做出了评价：

Ⅰ.天坛是建筑和景观设计之杰作，朴素而鲜明地体现出对世界伟大文明之一的发展产生过影响的一种极其重要的宇宙观。

Ⅱ.许多世纪以来，天坛所独具的象征性布局和设计，对远东地区的建筑和规划产生了深刻影响。

Ⅲ.两千多年来，中国一直处于封建王朝统治之下，而天坛的设计和布局正是这些封建王朝合法性之象征。

天坛作为中国古代建筑中的精品，每天吸引着众多来自海内外的游客前来参观，它已成为宣传和展示中国传统文化的前沿阵地。2003年8月3日晚，备受世人瞩目的2008年第29届北京奥林匹克运动会会徽发布仪式在天坛祈年殿隆重举行，这是一次古老的东方文明与现代体育赛事的交汇融合，是东西方精神、文化的汇聚，它在"天圆地方"的建筑空间内从容地沟通了中国与世界。

"中法文化年"为中法两国之间规模最大的一次文化交流活动，其间天坛迎来了"'天坛——武器之殿'中法击剑精英赛"和法国艺术家丹尼尔·布伦"从天空到天坛"作品展，这位艺术家认为，天坛是一个中国经典的文化符号，希望在这里能同天有个对话。

2005年北京举办了全球商界范围内的一项重要国际性论坛会议——《财富》全球论坛，天坛最初被选中作为开幕式举办地，财富会议总裁比尔曼这样解释选择天坛的原因："天坛作为北京的标志在世界各地经常出现，财富方面认为这个地方非常适合向世界展示，最重要的意义是：表达以财富论坛为首的各国政要和企业家对中国几千年灿烂的历史文明的崇高敬意。"

2008年奥运会会徽发布

除了各类重大的国际性活动，天坛还接待了无数的各国政要和著名人士，2006年6月18日，天坛接待了一位重要的客人，他就是继爱因斯坦之后世界最著名的英国科学思想家和理论物理学家史蒂芬·霍金，霍金听说天坛是中国古代皇帝祭天的地方，就提出想到这个神秘的地方来看看。在圜丘台上，当询问到霍金教授的感受时，通过他的语音识别器发出的声音，全场人员清楚地听到他的回答："fabulous!（太棒了！）"

天坛蕴藏的古老文化的力量和价值日益彰显，使得它愈发的引人注目，走进它，感受它无穷的魅力和价值，这座珍贵的文化遗产回馈给人类的必定是享用不尽的精神财富。

带你走进博物馆

中法击剑精英赛

《财富》论坛开幕式

祈求五谷丰登的祈谷坛

祈谷坛，顾名思义，是皇帝祈求五谷丰登、举行祈谷大典的地方。它初建于明永乐十八年（1420年），是天坛内建成时期较早的一组祭祀建筑。祈谷坛位于天坛中轴线的北端，主要建筑包括祈年殿、皇乾殿、神厨、宰牲亭、长廊、七星石、丹陛桥等。

祈谷坛平面布局呈方形，因为谷物的丰歉与土地有着密切的联系，这种设计也反映出古人"天圆地方"的认识。祈谷坛共有东、南、西、北四座门，北面为一座蓝色琉璃筒瓦的琉璃门，门内是皇乾殿，是平日储存祭祀时使用的祭祀神版、神牌的场所。其他三座为砖门，上面覆盖着绿色的琉璃筒瓦。东砖门外直通长廊，南砖门通向丹陛桥，西砖门外则是俗称的祈年殿西下坡处，西行可至百花园、月季园、百花亭、双环亭，每年春天西下坡处还可欣赏到天坛内著名的"二月蓝"等野生地被景观。

二月蓝

带你走进博物馆

带你走进博物馆

祈年殿

祈年殿不仅是祈谷坛内的主要建筑，同时也是天坛的标志性建筑，其建筑形态已成为首都北京的形象标志，祈年殿优雅的风姿是一种永恒的、静止中又蕴含动态的美，在越来越多的场合人们都能欣赏到祈年殿的完美身姿。近年来许多隆重的国际性活动都在这里举行，令中国人十分骄傲的2008年第29届北京奥运会会徽的揭幕仪式就是在祈年殿内举行的，当时全世界的人们霎那间都领略到了它的卓越风采和无穷魅力。

祈年殿是一座非常端庄大气的殿宇，在三层洁白的汉白玉圆形石坛之上，矗立着巍峨的圆形大殿，大殿有三重蓝色的琉璃檐屋顶，最上面是鎏金宝顶，在阳光的照射下显得金光灿灿。

明朝时的祈年殿最初叫大祀殿，是北京天地坛的中心建筑，而天地坛的营造则可追溯到明朝的开国皇帝朱元璋在南京建造的天地坛。朱元璋出身寒微，幼年时便入寺为僧，元朝末年农民大起义时，他参加了起义军，以杰出的军事才能和指挥才能脱颖而出，最终建立了属于自己的封建王朝——明朝。朱元璋从一介草民最后发展到贵为天子，这种身份的飞跃更使他坚信是上天的安排，因此他对天的崇敬也达到了无以复加的地步。早在正式登基前，朱元璋便修建郊坛表达他对上天的感谢。在1368年正式定都南京后，更是大兴土木，在南京城外钟山之南建圜丘祭天，钟山之北建方丘祭地，并亲自率领文武大臣，冬至日祭天，夏至日祭地。祭祀天地是封建国家的一项重大国事，每年国家都为之投入大量的物力与财力，即便如此，朱元璋仍对此保持了极大的热情，一直坚持不懈，祭祀天地年年不辍。

洪武十年（1377年）的秋季，京师地区不断出现灾疫，再加上朱元璋在斋戒期间一直阴雨连绵，这种异常的现象令他大生困惑，经过一番认真反省，他得出了自己的结论，认为种种不祥征兆的发生是由于实行天地分祀的结果。当时天与地是分开来祭祀的，朱元璋认为天和地犹如父亲和母亲，应该合在一起祭祀，不应该分开。因此朱元璋

做出决定，改天地分祀为天地合祀，并定为永制。紧接着，朱元璋下令对南郊的圜丘旧址进行改造，在其上加盖屋顶，用作合祀天地之所，并重新定名为大祀殿。这座南京的大祀殿就是后来北京祈年殿的最早起源。

然而令朱元璋意想不到的是，在他刚刚辞世后，他的大明王朝就经历了一次祸起萧墙的打击。朱元璋的第四子燕王朱棣发动靖难之役，最终登上了明朝皇帝的宝座。此后朱棣为了巩固自己来之不易的权力，又策划了一次大规模的行动，那就是迁都北京。当时的北京城是塞外蒙古与内陆地区的一道屏障，其地理位置非常险要，而且它又是朱棣以前做藩王时的封地，朱棣自然对其有特殊的感情，因此迁都势在必行。

带你走进博物馆

祈年殿

　　明永乐四年（1406年）明成祖朱棣开始北京城的筹建工作，明永乐十八年（1420年）营建北京城竣工。与此同时，北京的南郊也赫然立起了一座祭坛，这就是永乐皇帝仿照南京天地坛旧制新建的皇家祭坛，也取名天地坛，用于皇帝合祀天地。

　　与南京天地坛相比，北京天地坛更加高敞壮丽。其中心建筑"大祀殿"，是一座方形、两层屋檐的建筑，而它正是祈年殿的前身。

　　永乐皇帝遵从其父朱元璋"人君事天地犹父母，不易异处"的郊祀思想，意思是"天和地就像父亲和母亲一样，是不可以分开的，皇帝应该将他们一起祭祀。"每年在大祀殿举行合祀天地的祭礼。

这种情形一直持续到了明嘉靖皇帝继位，到了嘉靖九年（1530年）时，明代的祭天建筑和祭天礼仪发生了根本性的变化，而这种变化是与嘉靖皇帝的身世密切相关的。

明正德十六年（1521年）武宗朱厚照驾崩，但死后却没有留下子嗣继承皇位，因此朝廷经过一番认真筛选，选定了远在湖北安陆的兴献王之子朱厚熜赴京继承皇位。朱厚熜也就是明代武宗的堂弟，面对突如其来的变化，作为一位以藩王世子身份继承大统的皇帝，朱厚熜不仅要应对环境和身份的巨大转变，而且注定要做出一些新的举措，来证明自己作为最高统治者的权威，改革祭祀建筑和祭祀礼仪就是嘉靖统治时期采取的一项重要措施。

嘉靖九年，朱厚熜决定恢复明太祖朱元璋在南京时的旧制，实行天地分祀，于是重新在大祀殿的南边建起一座祭坛以祭天，新的祭坛于当年十一月即建成，这就是圜丘坛，同时弃大祀殿不用。

嘉靖十七年（1538年），嘉靖皇帝决定改建大祀殿为明堂，尊自己的生父兴献王为宗，配天而祭，举行明堂大享之礼。

在古代，称祖或宗是皇帝死后追尊的名号，称为庙号，而嘉靖的生父并不是皇帝，按照祖制是不可以称宗的，但是嘉靖三年时即尊称其父为"献皇帝"，十七年时追尊庙号为"睿宗"。在明初，祭祀天地时正位供奉皇天上帝的神版，配位供奉的是明太祖朱元璋、明太宗朱棣的神版，此时嘉靖不仅要将自己的生父称宗，还要作为配位来祭天又是一次很出格的举动。此举在朝中掀起了轩然大波，引发了朝臣的激烈辩论。但最终嘉靖皇帝取胜。

随后，嘉靖皇帝下令拆除大祀殿，不久一座新殿拔地而起，新殿于嘉靖二十四年（1545年）建成，嘉靖皇帝钦定其名"大享殿"，并亲自书写匾额。大享殿呈圆形，三层檐，与今日祈年殿已比较相似，唯一不同的是殿顶三层檐的色彩自上而下分别为青、黄、绿三色，分别代表天、地、前代帝王。大享殿建成了，但出乎意料的是嘉靖皇帝并未在此举行明堂大享礼，而是改在紫禁城内的玄极宝殿举行，结果大享殿依旧是一座闲置的殿宇。

清朝建立统治之后，按照明朝原有的祭祀制度，举行天坛祭祀活动。在清入关的当年，顺治皇帝即亲临北京南郊祭告天地。清朝皇帝祭祀之虔诚甚至超出了明朝皇帝，乾隆皇帝在位60年更是年年举行祭祀大典，郊祀祭天达60次，从未有遗漏。而且在此时期，天坛又经历了大规模的改扩建，自此天坛的建筑格局基本定型。

自乾隆十五年（1750年）以后，祈谷坛建筑陆续进行改建。因大享殿的名称与它孟春祈谷的功能不相称，因此，乾隆皇帝改祈谷坛旧有题额"大享殿"为"祈年殿"，意为祈求有好的收成，五谷丰登。祈年殿原来的琉璃瓦色为"青、黄、绿"，改为了"纯青"色，象征着天色。这种改变也标志着祈年殿功能的变化,祈年殿已由明朝合祀天地的功能转变为清朝时单纯祈谷于上天。

祈年殿在历经多次改建之后,无论其结构、形制还是色彩已与最初截然不同。但令人痛心的是这样一座凝聚了古人无穷智慧的精美建筑会在瞬间因一场雷雨而化为灰烬。清朝光绪年间,一场突如其来的灾难使祈年殿遭受了灭顶之灾。光绪十五年(1889年),祈年殿遭遇雷击,顷刻间化为灰烬。据《庸庵笔记》记载:光绪十五年八月二十四日寅刻,即凌晨三点至五点时分,雷电交加,大雨倾盆,祈年殿前所悬匾额被雷电击中后摔碎,并被雷火点燃。大火顺势延烧到了殿内,虽经奋力扑救,无奈殿宇过高,水击不到,而且如注的大雨又被琉璃檐顶所阻隔,

对殿内燃起的大火无济于事。结果导致祈年殿内大柱及檀木雕成的陈设品全部烧成灰烬,燃烧的光焰将数十里内照射得如同白昼,四处充满了檀木的香气。大火至天明才逐渐熄灭,就连丹陛上的汉白玉栏杆也都被大火烧至炸裂。

熊熊大火使祈年殿瓦木荡然无存,只留有厚厚的灰烬。朝廷对这次祈年殿被烧的事故非常重视,光绪帝下诏对所有相关人员进行了严惩。光绪十六年(1890年),下令重建祈年殿,但因会典中没有记载祈年殿的详细图纸,给重建工作带来不少困难,后来经四处访罗,找到一名曾经参与祈年殿修缮的工匠,才有了大致了解,并按照其所讲绘制好图纸,重建的祈年殿同原殿大体相

带你走进博物馆

似，但外观上较粗矮些。从光绪十七年（1891年）祈年殿兴工重建，至光绪二十二年（1896年）竣工，共用了六年的时间，今日人们看到的祈年殿就是清光绪年间重建的。现在祈年殿已经采用科学的避雷手段进行了保护，全方位的技防措施确保了这座精美建筑的永世长存。

祈年殿是我国现存最大的圆形木结构建筑，三层圆形的坛面和三重圆形的琉璃檐自下而上呈层层收缩状，一种直冲长空的态势赫然显现，使整座大殿洋溢着一种和谐之美。

祈年殿的三层基座石材采用的是汉白玉，栏板、望柱、出水等均雕刻着不同的纹饰，反映了封建社会严格的等级制度。最下层望柱以朵云做装饰，出水饰以云纹；中层望柱饰以凤纹，出水饰以凤首；上层石栏望柱则以盘龙做装饰，出水则饰以螭首。"螭"是古代传说中的一种动物，头上无角，与蛟龙形状相似，被视为龙的一种。嘴大，肚子能容纳很多水，在建筑中多用于排水口的装饰。

祈年殿东、南、西、北四个方向均设有石台阶，正南、正北的台阶均装饰有三帧汉白玉丹陛石雕。这些汉白玉石雕上面刻有不同的图案，其最下层为山海云纹，中间一层是凤纹，最上面一层为龙纹，龙为天子，自然高高居上，这也是封建等级制度的很好印证。这些石雕雕琢细致而精美，堪称古代石刻艺术宝库中的珍品。

登上三层坛，高达32米的祈年殿透出一种端庄尊贵的气势，青底金书的"祈年殿"匾

龙纹望柱

龙形螭首

凤纹望柱

凤形螭首

云纹望柱

云形螭首

带你走进博物馆

祈年殿龙纹、凤纹、云纹丹陛石雕

熠熠生辉。

祈年殿殿内金碧辉煌、富丽庄重，步入其中仿佛置身天上宫阙。其结构布局更具有特点，殿内蕴涵着奇妙数理变化的大柱、殿顶雕琢精美的龙凤藻井以及富有美妙传说的龙凤石，都是令人产生无限遐想的玄妙之处。

祈年殿内共有内、中、外三层大柱。这些柱子采用金丝楠木制成。金丝楠木是一种珍稀的木种，主要产自我国西南云贵川一带，它的生长时间非常长，生长旺盛的黄金阶段需要60年。此木材的光泽很强，木纹中有金丝，是非常珍贵的优质良材。古时在修建皇家宫殿、陵寝、园林时经常使用金丝楠木。

祈年殿里的这些柱子不仅材质珍贵，还蕴含着丰富的寓意：大殿中间的4根大柱叫龙井柱，象征一年春夏秋冬四季；中间的 12 根大柱叫金柱，象征一年的 12 个月；最外层 12 根大柱称为檐柱，象征一天的 12 个时辰；中外两层柱子相加共 24 根，象征一年内的 24 个节气；加上中间 4 根大柱共 28 根，象征周天 28 星宿。中国古代的人们非常迷信星相，常常根据星相来预测人间的福祸。古人把观测到的恒星分为 28 组，称作 28 星宿，通过这些恒星出没和位置变换来判断季节的变化，以利于农业生产。这又与祈年殿的历史功能恰恰相符合，让人叹服古人巧妙的设计构思和理念。另外祈年殿内梁上还有 8 根童柱，与 28 相加，合计 36 根柱子，象征着 36 天罡（古星名，指北斗七星的柄）。道教认为北斗丛星中有三十六颗天罡星、七十二颗地

煞星。祈年殿内柱子的数理与天象的映合也反映了中国古人重视农事以及祈福于天的愿望。

祈年殿是天坛最高等级的祭祀建筑之一，其彩画形式也采用了古建彩画中最高等级的和玺彩画，饰以龙凤，金龙飞舞，彩凤翩翩，典雅庄重，富丽堂皇。

大殿地面采用金砖铺墁，虽称"金砖"，但它却不是用黄金制作的。金砖是一种专为皇宫烧制的细料方砖，产自苏州，其颗粒细腻，质地密实，敲之作金石之声。又因金砖制成后要运至北京的京仓，以供皇宫专用，故又有"京砖"之称。再加上其烧制工艺极为复杂，成本非常高，从选料到烧成合格需要一年甚至两年的时间。在封建社会里，这

祈年殿外檐彩画

种砖都是以黄金论价，只有皇家才能使用，所以才被称为"金砖"。

殿内地面中心为一圆形大理石，石上图案是自然天成，仔细端详，展现的是一幅龙凤环绕的画面，其龙纹色深，角、须、爪、尾俱全，凤纹色浅，羽毛、头、尾隐约可见，惟妙惟肖，人称"龙凤石"。

祈年殿内景

龙凤藻井

与龙凤石相呼应的是祈年殿殿顶中央熠熠生辉的龙凤藻井。藻井是中国特有的建筑结构和装饰手法，一般设在寺庙佛座上或宫殿的宝座上方。古时人们为祈求吉祥如意，确保家宅平安，利用井中有水、水火相克的道理，将屋顶的通风口制成水井状，并在四周雕刻水藻纹路，用来防止木制建筑毁于火灾。祈年殿龙凤藻井为圆形，层层收缩，叠落起来形成穹隆，正中雕刻着金色的龙凤，高高突起的龙头和凤首，栩栩如生的龙身和凤羽，衬托出天宇的崇高伟大。

带你走进博物馆

皇乾殿

祈年殿北面是一处坐南朝北、三座琉璃门的四方小院，这就是皇乾殿。

皇乾殿与祈年殿同时建成，最初称天库，平时用于存放皇天上帝、皇帝列祖列宗的牌位。明嘉靖二十四年（1545年）重建，更名为皇乾殿。

皇乾殿为庑殿顶式建筑，在中国传统屋顶形式中，以庑殿顶、歇山顶为级别最高，主要用在佛殿、皇宫的主殿等重要建筑，是最尊贵的形式。

皇乾殿檐下悬挂着写有"皇乾殿"三个金色大字的匾，相传为明嘉靖皇帝御笔，匾上装饰有九条龙。

皇乾殿按照清咸丰时期的历史原貌恢复陈设，殿内正中供奉正位皇天上帝的神版。左右两侧是配位陈设，规制略低于正位，以示尊卑。分别供奉着咸丰皇帝之前的清代前八位皇帝的牌位：左侧为清代第一、三、五、七位皇帝，即清太祖努尔哈赤、清世祖顺治、清世宗雍正、清仁宗嘉庆；右侧为清代第二、四、六、八位皇帝，即清太宗皇太极、清圣祖康熙、清高宗乾隆、清宣宗道光。

这种供奉方式是遵从了古时的昭穆制。昭穆制是我国古代的一种宗法制度，一直为历代统治者所重视，指的是在宗庙或墓地辈次排列的左右次序，也就是采取一种始祖居中、父子相对、祖孙相邻的摆放方式。左边称昭，右边称穆，因此也称左昭右穆制。天坛祭祀牌位的摆放即采用左昭右穆制。

历史上的皇乾殿用于收存祭祀大典时使用的正位、配位神版。在祭祀的前一日，皇帝要亲自到皇乾殿拈香行礼，巡视坛位及所需祭品。祭祀前一天的前半夜（乾隆时改为后半夜）礼部尚书、太常寺卿还要在皇乾殿举行请神仪式，神位被放置在龙亭里抬至祈年殿内供奉，待祈谷大典结束后，再将神位送回皇乾殿。为了表示对神主的恭敬，平日每逢初一、十五，还有太常寺奉祀官员到大殿来上香扫尘。

皇乾殿正位、配位陈设

带你走进博物馆

皇乾殿及琉璃门

古稀门

皇乾殿院西墙角有一处规模不大的门，为西角门，又称古稀门。由于此门平时一直关闭，未对游人开放，人所鲜知。

古稀门的命名是怎么来的呢？祭祀大典前，皇帝至天坛后需步行经祈谷坛南砖门至皇乾殿上香行礼。清乾隆四十六年（1781年）时，乾隆皇帝已年逾七旬，这段距离对于他来讲相当辛苦，于是就有人建议在皇乾殿西墙开辟一处角门，这样可使御舆停在角门外，即可大大减轻行走之苦。这一建议很快得到了乾隆的批准，不久乾隆帝降下谕旨，在皇乾殿西墙新建西角门，以供祈谷上香近便使用。同时乾隆皇帝还允许后世子孙有寿登古稀者，祈谷上香时也可从西角门出入，西角门因而又被称为古稀门。

古稀门自设立以后，在乾隆四十七年至六十年的14年间，先后共使用13次。乾隆帝退位后，此门便从此关闭，以后的皇帝都不曾"寿登古稀"，因此就不曾再开启使用了。

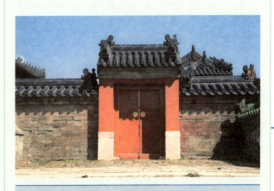

古稀门

带你走进博物馆

神 厨

神厨建于明永乐十八年（1420年），明清时期用来为祈谷大典烹制、陈列供品，主要由神库殿、神厨殿、甘泉井组成。

神库殿为悬山顶式建筑，坐北朝南，是神厨的正殿。古时殿内设有笾豆案，即摆放祭器的条案。笾和豆都是祭器，用来盛放供献给皇天上帝、列祖列宗的祭品。在举行祭祀大典的前一日，皇帝或是亲自前往神厨阅视笾豆，或是派遣大臣代往，来阅视检查祭品的准备情况，整个仪程称之为阅视笾豆仪。

在神厨院内东、西两侧建筑风格颇为相似的两座殿都是神厨殿，它是明清时期专门为祭祀大典烹制供品的场所。

神厨东殿前有一口古井，因井水甘甜可口，有"甘泉井"的美誉。祭祀时即用井水调制羹汤。清人王士禛有竹枝词记甘泉井："京师土脉少甘泉，顾渚春芽枉费煎，只有天坛石甃好，清波一勺卖千钱。"

长 廊

长廊位于祈年殿东面的砖门外，呈曲尺形，长273米，它像一根飘带将神厨、宰牲亭与祈年殿连缀成一体。长廊始建于明永乐十八年（1420年），是仿照南京天地坛旧制所建，最初设75间，清乾隆十七年（1752年）改为72间。原来的长廊北面为墙，南面为窗，如同房屋的式样，故又称七十二连房。现在长廊南面已无窗，柱子之间设有长凳，每日在这里集中许多娱乐休闲之人，京腔京韵不绝于耳，拉二胡、唱京戏等是这里的常景，老北京城的一部分市井风貌在这有限的空间、时间内被充分展现。

在古代，祭祀大典前要在神厨和宰牲亭内宰杀和制作祭祀牺牲，随后要送至祈年殿上。祭天大典举行时多值风雪频繁的季节，长廊的设计恰好使宰杀的祭品在送往祭坛的途中不被雨雪风沙所污。正是因为长廊专门用来往坛上送祭品，所以又被称为供菜廊子。古代祭祀大典时天色未明，制作好的祭品要从神厨经由长廊送至坛上。当时的长廊内，烛光摇曳，风影婆娑，忽明忽暗的长廊内不时地走来行色匆匆传送祭品的人，再加上一片灰暗惨淡的景象，令人不寒而栗，因此长廊七十二连房又被称作"七十二地煞"。

带你走进博物馆

天坛

长廊

宰牲亭

在中国古代有祭祖、祭社，祭祀天、地、日、月的各类祭坛，均设有宰牲亭。宰牲亭是宰杀祭祀用牺牲的地方。这里的"牺牲"是指古时候人们用来祭祀用的供品，多指猪、牛、羊等，凡是毛色统一的称为"牺"，体全的称为"牲"。在祭祀祖先和神灵时，古人将猪牛羊进行宰杀，以此来表示虔诚和敬畏之情。

中国古代礼仪中规定，凡宰牲之所应距祭坛二百步以外，以免宰牲时弥漫的血腥之气

祈谷坛宰牲亭

带你走进博物馆

玷污了祭坛的圣洁。祈谷坛宰牲亭就建在长廊另一端尽头，与祈谷坛主体建筑分离开来。

按照古制规定，祭祀用牺牲不得用刀屠宰，只能以木器击打致死，以保证体全，所以宰牲亭也称打牲亭。祈谷坛宰牲亭是一座重檐歇山的大殿，殿前有宽阔的平台，又称"月台"，指的是正殿突出连着前阶的平台，此类平台宽敞而通透，一般前无遮拦，据称是看月亮的好地方，

也就成了赏月之台。月台右侧有过厅，与长廊相连，为悬山卷棚式建筑。

月台前有一口石井，井上覆有六角盝顶井亭。盝顶是中国传统的屋顶样式之一，正中开露天洞口，形状随同井的平面，

祈谷坛宰牲亭井亭

正对下面的井口，为的是采光以便看视井中水面，也方便掏井，利于长竿上下。现在保有盝顶的井亭并不多见，除天坛之外，北京故宫、太庙、先农坛等处还有少数存留。

七星石

七星石位于长廊南侧平坦而开阔的草坪之中,这里绿草盈盈,芳草萋萋,并有古柏点缀其间。

虽名为"七星石",实际上它却是由八块巨石组成,每块石头上还刻有相同的纹饰——山形云朵纹。相传这八块石头并非普通顽石,而是从天而降的陨石,是八块神石,具有神奇的功能,可以驱邪、避灾,曾经有人企图盗得神石,当作自己镇宅降福的宝贝。事实上七星石是人为放置。明朝嘉靖年间改建大享殿时,有道士向嘉靖帝进言,称大享殿的东南方空虚无物,不利于皇图永固及国祚绵长,对皇帝的寿命也十分不利,建议设镇石以镇风水。嘉靖帝笃信道教,听从道士的建议,在长廊南摆设了七块巨石做镇石,并称为七星石。清朝入关后,在七星石东北侧又加一石,以表示不忘东北故土之意,所以七星石虽称七星,实际由八块巨石组成。

七星石

带你走进博物馆

丹陛桥

丹陛桥，虽名曰桥，其实它是一条砖石铺成的大道，又称海墁大道。这条大道从成贞门向北一直延续至祈谷坛南砖门，长达360米，宽29米。

从丹陛桥南端北行，会逐渐有步步升高的感觉，这正是当初建筑者巧妙设计营造出来的一种"步步登天"的独特氛围，"天"的尽头是祈求五谷丰登的殿宇，世间的凡夫俗子，甚至包括"天子"皇帝若想到达与天交流、向天祈祷的"天庭"，必须经由一种特殊形式的"途径"才能到达，而丹陛桥就是在这种指导思想下修建而成的。丹陛桥在设计时，有意使北端比南端高出4.5米，从而使人在行走的过程中有渐次升高的感觉。

丹陛桥平坦宽阔，桥面的设计中蕴含着鲜明的等级观念，桥面上对各色人等的行走路径划分严格而明晰。

丹陛桥桥面共有三条宽窄不一、颜色各异的道路：中间一条铺装以白石，石面稍稍凸起，路面呈弧形，比东西两侧的路面略高、略宽，这条规格明显较高的路称为神道，是举行祭典时神舆所走之路；东侧为御道，是皇帝所走之道；西侧为王道，是王公大臣所行之道。

举行祈谷大典时，王公大臣、皇帝左右簇拥着神舆，从丹陛桥上行走进入北端的祈谷坛南砖门，开始向上天的祈求。

丹陛桥

在丹陛桥的下方横贯有隧道，人称"鬼门关"。这些交叉纵横的通道犹如现代社会的立交桥，因此也有人称丹陛桥为中国最早的立交桥。

花甲门

花甲门位于丹陛桥最北端西侧，是歇山顶式建筑，上面施以琉璃彩绘。花甲门的建造原因和皇乾殿院古稀门是相同的，都是清乾隆皇帝钦命所建，是为了减轻乾隆皇帝祭祀时的步履之累。

皇帝祭天典仪相当隆重和繁琐，整个过程需要投入不少的精力和体力。清代天坛举行祈谷大典的前一天，皇帝从紫禁城出发，由大驾卤簿御送，乘御辇进入天坛祈谷坛门

花甲门

（今天坛西门），经西天门走林间大道行至丹陛桥西侧降辇，然后步行至祈谷坛南砖门，经过祈年门至皇乾殿行拈香礼，然后视牲看牲，阅视坛位、笾豆，所有礼仪行过之后，皇帝出西砖门，宿天坛斋宫，虔心静气等待祭祀时刻。祭祀当日，皇帝要从斋宫出发，乘坐礼舆到达丹陛桥南端，然后步行至祭坛行礼。丹陛桥长达360米，皇帝需一路走来再至坛上行礼。若皇帝正值青壮年，尚无大碍，但若年事已高，就会颇感疲惫。

乾隆皇帝是历代帝王中最长寿的，终年89岁，在位60年。他亲临天坛祭祀的次数也最多。随着年龄的增长，繁琐的祭祀行礼终于使他的身体感到了疲惫。清乾隆三十七年（1772年），乾隆皇帝已62岁，过了花甲之年，祭祀行礼时越发感到体力不支。这时，有大臣请求更改繁缛的祭祀仪程，乾隆帝遂令大臣们进行商议，要求对降辇地点、步行远近等一些无关大体的仪节做出酌定，最后大臣们的商议结果是在祈谷坛的南砖门外新增一门，祭祀之日，皇帝就不必从丹陛桥上走过，而是直接从此门进入，然后过祈谷坛南砖门至坛内行礼，此门因此而被称作"花甲门"。自此，乾隆皇帝祭祀时步履的辛劳得以减轻。

具服台

在丹陛桥北部东侧，与丹陛桥相连有一处方形石台，这就是祈谷坛具服台，皇帝祭祀前要在此处更换祭服。届时具服台上要搭设帐篷，属于临时性设施，祭前搭建，祭毕则撤。具服台作为祭天的衍生物产生，也有着悠久的历史。天坛具服台共有两处，均建成于明嘉靖九年（1530年），北面为祈谷坛具服台，南面为圜丘坛具服台。

祈谷坛具服台坐东朝西，北、东、南三面以汉白玉石栏相围。其做法、建筑风格都比圜丘坛具服台稍显繁琐、华丽。

具服台是皇帝在祈谷大典前更换祭服之所，祭祀的前一天，北具服台上要搭设高达3米的方形帐篷，帐篷外用黄丝绸布罩盖，内设宝座、宝桌、盥洗用具，供皇帝使用。由于祈谷大典是每年正月举行的，时仍春寒料峭，而祭典又在日出前七刻举行，因此帐篷内还设有炭盆、暖床等取暖器具以及插灯等照明设备。装备齐全的北具服台又被称为"小金殿"。

祭祀当日日出前七刻，皇帝由斋宫出发来至北具服台，在此更换上蓝色祭服，然后登祭坛行礼。

祈谷坛具服台

带你走进博物馆

鬼门关

鬼门关位于丹陛桥具服台下方，历史上是赶送祭祀牺牲的通道。蓄养牺牲的牺牲所位于外坛的西南角，而专门为祈谷大典准备祭祀牺牲的北神厨、北宰牲亭则位于丹陛桥的东北。祈谷大典前，牺牲所的牛、羊、豕、鹿、兔等要赶至北宰牲亭，而其间必须穿过丹陛桥，但活着的牺牲是不允许踏上丹陛桥的，因此聪明的古人即在丹陛桥下造出隧道来解决这一问题。由于牺牲从隧道过去后，即踏上了黄泉路，再没有生还的可能了，因此这阴森恐怖的隧道便被形象地称作"鬼门关"。

鬼门关

天人对越的圜丘坛

圜 丘

圜丘坛位于天坛南部，处于中轴线的最南端，主体建筑圜丘是一座由三层洁白的汉白玉组成的圆形石坛。明嘉靖九年（1530年），嘉靖皇帝更改祭祀礼制，改天地合祀为天地分祀，在原来天地坛的南面兴建圜丘，专门用以祭天，并钦赐"天坛"之名，天坛的称谓由此而来。

圜丘坛内的建筑各具特色，主要包括圜丘、皇穹宇（俗称回音壁）、具服台、神厨、神库、三库。圜丘拥有几近完美的建筑造型和洁白的建筑色彩，皇穹宇蕴含有丰富而神

秘的声学现象，功能完整配套的神厨、神库等祭天附属建筑是明清祭祀制度成熟的印证。在圜丘坛的四周环绕着郁郁翠柏，这些柏树多种植于嘉靖年间，虽已历经数百年的沧桑，浓浓的绿依旧蕴含勃勃生机。

圜丘坛共有东、南、西、北四座门，依次为泰元门、昭亨门、广利门、成贞门。四门的命名均蕴含丰富的寓意。宋代理学家程颐在《程氏易传》中解释为："元亨利贞，谓之四德。元者，万物之始；亨者，万物之长；利者，万物之遂；贞者，万物之成。"四座门的位置恰好代表了春、夏、秋、冬四季。

昭亨门即是今日天坛南门，也是圜丘坛的正门，建成于明嘉靖九年，古代皇帝祭天

圜丘

时就是从昭亨门进入圜丘的。作为圜丘坛最为显赫的坛门，预示着皇帝祭天圆满顺利，愿望成真。

　　古代举行祭祀大典时，皇帝乘坐御辇从紫禁城出发，御辇是由36人抬的大轿子，至昭亨门外降辇，换乘等级稍低的礼舆，进入圜丘，礼舆是由16人抬的小轿子。这一巨大

的转变预示着皇帝在"天"的面前，已由至高无上的人君转变为"天"的臣子，他是怀着虔诚恭顺的心情进入天坛祭天的。

　　同时随从皇帝祭祀的还有多达几千人的仪仗队，他们停留在昭亨门外等待皇帝完成换乘礼舆的礼仪。然后，礼部太常官引导皇帝由昭亨门左门入，直至察视完毕，再由左门出。

昭亨门至圆丘的道路东侧，有一处宽广的方形砖台，它坐东朝西，面积约300多平方米，这就是天坛的另一处具服台——圆丘坛具服台，与祈谷坛具服台具有相似的功用。

　　今日具服台上空无一物，而在明清时期，每逢祭祀前，具服台上都要搭盖帷幕，帷内有宝座、宝桌、香炉、炭盆等陈设。这里是皇帝行祭礼时整理服具和休息的地方。

　　按照祭祀礼仪的规定，举行祭祀大礼的当日，皇帝从斋宫里出发至圆丘坛行礼时，先要到这里更换祭服，并小坐片刻，待到祭祀的准备工作完了，才由太常寺卿奏请皇帝上去行礼。祭天大典终了后，皇帝退出，还要在这里换去祭服，稍事休息。

　　圆丘坛由内圆、外方的两重墙墙环绕，寓意天圆地方。两重墙墙的东西南北方各建

圆丘内圆外方的墙墙

带你走进博物馆

有3座棂星门，圜丘共有24座棂星门。棂星门是进入圜丘的门户，其独特的建筑形式只出现在中国古代祭坛或陵寝建筑等礼仪性场所中。棂星门原名灵星门，灵星是指天上的天田星。汉高祖时命祭天要先祭灵星。到了宋代，建造郊台外垣时，添置灵星门，象征天之体。后人以其门形如窗棂，便改称其为棂星门。

棂星门与圜丘同时期建成，门与门之间有低矮的红墙相连。棂星门门架为石造，上部饰以云板，下部嵌有抱鼓石，造型优美，富有韵律，有"云门玉立"之称。

各向棂星门的规制也存在一定的差别。南北向中间的棂星门在所有门中最宽，等级最高。这是因为在举行祭天大典时，皇天上帝的神版要经由南向棂星门的中间一门奉至坛上。东侧棂星门是皇帝祭天时所出入，尺寸较西侧门略宽。西侧门为陪祀的王公大臣出入。

圜丘又称祭天台、拜天台，它是圜丘坛的主体建筑，也是天坛最富神韵、建造最为成功的建筑之一。

棂星门

古时人们认为天为阳，地为阴，而且中国古代九天说认为东南方是阳天，因此圜丘的选址按照古人"阳中之阳"的观念，选在都城的东南方。明嘉靖九年（1530年）圜丘修建完毕之后，其完美造型深受嘉靖皇帝的赞许，当年冬至，嘉靖皇帝就在圜丘举行了祭天大典。祭天后的翌日，嘉靖皇帝在宫中举行了庆功宴。事后，参与修建圜丘的人员都受到了嘉奖与提升。

初建成的圜丘坛整体为蓝色，栏板、望柱及坛面砖采用的是蓝色琉璃构件。明代圜丘坛的台面比起今日圜丘要狭窄，因当时祭天大典时坛上供奉的仅为皇天上帝和明太祖朱元璋的牌位，所以并不感到空间紧张。

到了清乾隆时，祭天大典要供奉皇天上帝、太祖努尔哈赤、太宗皇太极、世祖顺治、圣祖康熙、世宗雍正六个牌位，坛面明显地显得狭窄。行礼时祭祀人员频繁升坛、降坛，进退颇为不便，于是乾隆皇帝下令对圜丘坛进行了大规模的改扩建，坛面改用产自京郊房山的艾叶青石，栏板、望柱、出水改用汉白玉石。我们今日看到的圜丘基本上就是乾隆改制后的形制。

圜丘处处蕴含着"圆"的和谐，从坛墙到台面层层收缩，直至中心圆石，这个圆不仅指外形圆，还有一种哲学意味，它代表一种生命的流转，蕴含着宇宙万物循环往复、生生不已的运动。圜丘的建造完全遵循了古人"天圆地方"之说，其建筑特点也充分地印证了这一点。圜丘两重壝墙内圆外方，象征天圆地方，代表了广义的天地万物。其坛面采用圆形，表达了古人"圆以象天"的朴素天地观。

圜丘建筑造型优美，色彩圣洁，嘉靖年间建造圜丘的同时，种植了许多柏树，现今这些柏树枝繁叶茂、郁郁葱葱，树形千姿百态，更衬托出汉白玉祭坛超凡脱俗、圣洁神秘的气韵。

圜丘坛共有三层坛面，均铺以艾叶青石，

四周是汉白玉围栏，各层东西南北四面均有台阶，且都为九级，圜丘建筑构件采用龙进行雕饰，望柱柱头雕以盘龙，出水饰螭首。

圜丘的规制具有很深的寓意，上层坛面中心为一块圆石，称之"天心石"。它被视作"天"的中心，是与天最接近的地方，认为具有化生万物的神奇力量。

事实上"天心石"确有奇特之处，这就是它神奇的回音现象。人站在天心石上面讲

圜丘望柱、栏板

圜丘龙形螭首

话，不仅声音顿时变得洪亮、清晰，而且耳旁会感受到极强的声音共鸣，如同好多人对着麦克风讲话，而声音却又从后面传来，玄妙万端，仿佛人在与自然对话。根据科学测试的结果，这种声学现象的产生是由于声波与周围石栏板及台面反射的结果。

现在看到的这块圆石是呈凸起状的覆盖石，真正的天心石在其下方，这是今人为了保护天心石免于磨损而实施的保护措施。

天心石

圆丘规制设计之别具匠心还表现在"天心石"周围铺设石块的巧妙数字排列上。古人认为天为阳性，祭天的场所也为阳性，而在数字中，偶数为阴数，奇数为阳数，因此在祭天建筑中多采用奇数。天坛建筑数字表现最突出的当属圆丘坛。"九"作为奇数中最大的数，被视作至阳之数。圆丘作为最高等级的祭台，其建筑构件尽采用至阳之数"九"及"九"的倍数。圆丘坛中处处表现出对奇数的运用，特别是数字"九"的使用达到了淋漓尽致的程度。

环绕圆丘天心石共有九重石板，每重石板采用九的倍数向外扩延，即第一重为九块石板，第二重为十八块石板，第三重为二十七块石板。依此类推，分别为三十六块、四

带你走进博物馆

十五块、五十四块、六十三块、七十二块、八十一块，至第九重的八十一块，合计有石板四百零五块，恰为九的倍数。

中层坛也以九重石板相围墁，从第十重至第十八重，共计石板一千一百三十四块；下层坛坛面从第十九重至第二十七重，石板数为一千八百六十三块。三层坛面共计有石板三千四百零二块，为九的三百七十八倍。

除了石板数字为九的倍数外，圜丘三层坛的栏板、望柱的数字也呈"九"的倍数增长。上层栏板数为七十二块，中层为一百零八块，下层为一百八十块，共计三百六十块。

圜丘坛面的直径也与奇数有着密切的关系，其上层坛面直径为九丈，中层十五丈，下层二十一丈，共合四十五丈，不仅体现了至

阳的含义，同时也蕴含着"九五"之尊的寓意。此外，圜丘四面都有台阶，各层台阶均为九级。

圜丘西南角矗立的高大木杆称作"望灯杆"，杆长也达九丈九尺九寸，与传说中的天高九重相吻合。

望灯杆是用来悬挂望灯的，因为举行冬至祭天大典的时间选择在日出前七刻，冬至日黑夜最长，而且日出前七刻的天色非常昏

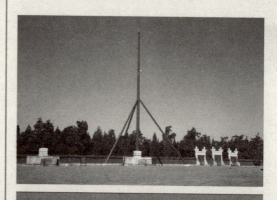

望灯杆

暗,为了解决偌大圜丘坛的照明问题,就设置了望灯杆。采用木杆高悬巨大的灯笼,不仅照亮了祭坛,同时也烘托营造出祭天的神秘气氛。当时的望灯杆采用金丝楠木制成,灯杆涂以蓝漆,上面饰以红火焰、金蟠龙,杆上安镀金铜顶。

古时望灯杆悬挂的望灯有2米多高,几可容人。它所燃烧的蜡烛是特制而成,称作"蟠龙通宵宝烛"。这种蜡烛的烛身上铸有凸龙花纹,属于明清时期"宫蜡"中的珍品,此蜡烛高达1米多、径达0.3米。与普通蜡烛相比,它还具有独特的优势,除外形巨大,还具有燃烧时间长,燃烧时不会流油、也不需剪烛花的特点。

圜丘举行祭天大典之时,除望灯外,祭坛周围还设有其它好多灯具,同时将圜丘坛照射得如同白昼。这些灯可分为三类:神位前左右陈设的灯,有金镶青羊角灯、金丝软灯、青羊角座灯;用以照亮祭坛中心通往四周道路的"坛上灯",有朝灯、插灯、座灯;设在祭坛正位前、圜丘台阶上和神路左右的"庙儿灯"。这些各式各样的灯已被制作成文物仿制品陈设在天坛各处殿堂。

燔柴炉

圜丘坛内东南角有一处以绿色琉璃砖砌成的圆形建筑物,称作燔柴炉,是专为焚烧皇天上帝正位的供品而建造的。燔柴,是古代祭祀的一种形式,即把玉帛、牺牲一同置于积柴之上焚烧以祭天。燔柴礼是祭天大典中特有的礼仪，因而燔柴炉也仅为天坛所独有。

古人认为皇天上帝居于空中，人间堆柴焚烧祭品时，烟气升天，可使天上的神灵领受到人间的礼献，这样就可和地上的天子互通声息了。

祭祀当日，皇帝盥洗更衣后，进入祭坛，祭天仪程首先要进行的是"燔柴迎帝神"，这时掌燎官指挥将燔柴炉用松柏木柴点燃，将预先宰好的一头犊牛送到燔柴炉上焚烧，顿时阵阵香气直冲上天。就在这烟雾缭绕中，尘世间的人企盼能达到与皇天上帝的交流。

燎炉

在燔柴炉的东北方，斜向设有一排8个镂空的燎炉。专门用来焚烧祭祀配位的供献品。

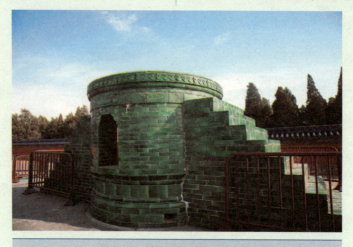
圜丘燔柴炉

圜丘配位燎炉

　　圜丘坛内的这8座燎炉是焚烧从清太祖努尔哈赤至清宣宗道光清代前8位皇帝的配位祭品的。清代共有12位皇帝,那么天坛内为什么只摆放8个皇帝的配位呢?

　　《孝经》中称:"严父莫大于配天",因此中国古代的帝王都有尊其先父配享于上帝的行动,这也成为其特有权力。清初规定每位帝王死后都要举行升入太庙的大礼,也就是升入祖庙附祭于先祖的意思。此制一直延续至清道光时期,在道光皇帝临终之时,立下遗嘱,要求在自己死后,不再举行升祔礼,君主配天就止于其父乾隆。道光皇帝死后,继承皇位的咸丰皇帝为了表示孝道,仍然将道光皇帝升祔,配享于天坛,同时规定,自此以后再不举行升祔礼,从此奠定了天坛配享设8座神位的制度。圜丘坛燎炉的陈设即遵循了清代咸丰时的规制。

在圜丘外壝东西棂星门内两侧还有4个炉子，它们则专门用来焚烧祭祀从位的供献品。从位供奉的是日月星辰、风云雷雨、周天星宿、金木水火土之牌位。

祭天大典的最后一项要举行"燔柴望燎礼"，其场面气氛颇为热烈壮观。由执事人员将祝文、供品、帛等投放入炉内焚烧，与此同时，百官立于品级拜石处，一律面向东方，这时，皇帝立于燔柴炉西侧的望燎位行注视礼，默默祈祷愿望成真。

在整个祭天大典中，燔柴炉能燃烧掉2000多斤木柴，每个铁燎炉也会烧掉近1000斤的木柴。巨大的木材损耗也反映了当时巨额的祭天费用投入。就在这烟气荡空的气氛中，祭天大典渐入尾声。

瘗坎

在燔柴炉东侧的地面上，有一处圆形绿色琉璃池嵌入地面，池面以绿色扇形琉璃砖环砌而成，光洁平滑，这座池子称作瘗坎。瘗坎是古代祭祀时用来瘗埋祭祀牺牲毛血之处，故又名"毛血池"。

作为奉献给至高无上的天神——皇天上帝的牺牲，其毛血是不得随意丢弃的，需要掩埋于专用而洁净的场所，为了妥善处理燔柴炉中牺牲的剩余灰烬，专门建造了瘗坎，这样能够就近就便地将毛血掩埋。这种完善、配套的祭祀建筑设施也是中国古代祭祀文化成熟的一个表现。

皇穹宇

皇穹宇是圜丘北面的圆形院落，明清时期用以储存祭天大典时使用的正位、配位的神版和从位的神牌，被形象地称作"天库"。此外，它还有一个更为人知的俗称——"回音壁"，而事实上"回音壁"仅指皇穹宇院四周能产生回声现象的圆形围墙。

皇穹宇建成于明嘉靖九年（1530年），初名泰神殿，覆以绿琉璃瓦，为圆形重檐攒尖顶式建筑。攒尖顶为中国古建筑屋顶式样之一，类似锥形。嘉靖十七年（1538年）改称皇穹宇，清乾隆十七年（1752年）重修，改为圆形单檐攒尖顶，蓝色琉璃瓦。皇穹宇建

筑的特点也多呈圆形。

皇穹宇的正面为三座琉璃拱券门，门上有黄绿相间的彩画。

院落正中坐落着皇穹宇正殿，汉白玉石的台基光洁华美，周围是汉白玉雕刻的石护栏，东西南三面台阶各14级，正面丹陛石上精雕着"二龙戏珠"图案。

皇穹宇丹陛石雕

带你走进博物馆

皇穹宇正殿

正殿内由八根檐柱和八根金柱环绕支撑，三层鎏金斗栱，层层上叠，天花层层收缩，天花藻井描绘有金箔贴制的团龙图案。八根柱上是贴金缠枝莲，光华夺目。

正殿东侧为皇穹宇东配殿，内设大明（太阳）、北斗七星、木火土金水、二十八宿、周天星辰等神位。西侧为西配殿，供奉夜明（月亮）、风、云、雷、雨等从祀神位。祭祀当日五鼓时分，这些从祀神位连同正殿的皇天上帝、列祖列宗神位分别置放于龙亭内，依次送至圜丘坛上。

皇穹宇因其围墙回音壁所产生的回音现象而闻名，砌造回音壁所使用的是山东临清澄浆砖，这种砖的质地细密，能做磨砖对缝的墙面和地面。明代临清附近生产的澄浆城砖质地最佳，因此称为临清砖。这种

回音壁

砖敲之有声，断之无孔，据说是良好的声波反射体，在其间回荡的声波经多重反射能够产生清晰的回声，引起人们的无限好奇。

回音壁回音效果最好的地点是东西配殿后，两人分别站在东西配殿后，贴近圆形墙壁讲话，虽然二者相隔 60 多米，而且中间还有两座大殿阻隔，却可以清楚地听到彼此的声音。

关于回音壁产生回音原因，早在20世纪50年代，就有人对其进行尝试性解释，但直至20世纪90年代，方才获得对各类声学现象的科学解释，当时天坛公园与国内声学研究机构和高校联手进行了多次科学测试，得出了科学可信的回音机理解释——回音是在

声波发出后经回音壁圆形墙壁的连续多次发射后产生的。

皇穹宇正殿前甬路从北向南数的第三块石头名为"三音石",也具有奇特的回音现象,站在上面击掌可以听到三声回音。事实上第一和第二块石头也能产生回音,只是不易被人耳捕捉到罢了。

具有声学现象的还有甬道从南往北数的第三块石头,名为"对话石"。这是因为游人站在此处,可以清楚地听到来自皇穹宇东西配殿东北角或西北角的声音。对话石是在20世纪90年代被偶然发现的。1994年3月26日晨8时许,"天坛声学现象研究"的课题组成员当时正在皇穹宇内东配殿后进行测试,突然清晰地听到导游的讲解声,声音似从南边传来,可当时四周并无游人。当课题组成员沿着配殿北墙向甬道走去,看到第一批游人已经进入皇穹宇,正站在甬道南边听导游进行讲解。在行走过程中,课题组成员发现听到的声音渐弱。返身往回走的过程中,声音又逐渐增强,当到达原位置时,声音最为清晰响亮。过了一会儿,声音突然没有了,跑过去一看,发现导游和游人已向北行进。这一奇特的现象引起了课题组成员的极大兴趣,于是进行了反复测试,终于发现了一个新的声学现象——天坛"对话石"声学现象。

皇穹宇内这些有趣的声学现象吸引了无数的游客前来参观尝试,并给人们留下无限的遐想。

成贞门在皇穹宇的北面,南北向,为圆

丘坛的北天门。成贞门与昭亨门形式相同，但规制略高。

成贞门最初建在今皇穹宇处，后来因改建皇穹宇，圜丘北坛墙随之发生改动，中段向北移动，形成弧形，与皇穹宇圆形垣墙即回音壁相呼应，原有的成贞门予以拆除，于现址重建。今成贞门两侧垣墙嘉靖十七年砖铭仍随处可见。

改造后的成贞门位于弧形墙正中，北接丹陛桥，南通圜丘坛，使得两坛结合不显得生硬突兀，圜丘和祈年殿达到完美统一。

带你走进博物馆

成贞门

三　库

三库在明清时期是用来贮存祭祀用品的场所，这些用品包括各式乐器、舞具、祭器等，因其有仓库的性质，故而被形象地称之为库。而"三库"顾名思义，则是因为它是由三间大库组成。

三库院门坐北朝南，院内的三间大库却是坐东朝西，呈"一"字排开。三库由北向南依次为乐器库、棕荐库、祭器库。

历史上的乐器库、祭器库主要用来收存祭天大典时使用的各式乐器、祭器。棕荐库则是用来收存祭祀时使用的各式幄帐、拜垫、拜褥、绒毡等。而且棕荐库面积在三库中最大，可见在明清祭祀时棕荐的使用数量也是其中最大的。

三库院门

宰牲亭

出三库往东即是圜丘坛宰牲亭。

宰牲亭坐北朝南，其北墙与三库、神厨北墙取齐，南墙则稍往北移，而这一点细小差别恰恰反映出宰牲亭在历史上的地位不如三库与神厨受尊崇，或许正是因为它是一个宰杀祭祀时使用的牺牲的地方，污血秽水横流的景象总是抑制了人们对它的敬仰，所以规制上的卑逊也就显而易见了。

宰牲殿是宰牲亭的主要建筑，绿琉璃筒瓦，重檐歇山顶，是院中最为高大的建筑。殿前东侧有六角井亭及古井一个，其制与神厨院相同。

作为宰杀牲畜的地方，宰牲亭内配套有一系列的处理设施，有涤血孔、漂牲池、灶火间等遗存，有些虽已辨认困难，但残存景象仍可令人浮想联翩。

圜丘坛宰牲亭

带你走进博物馆

明清时期，在神厨和宰牲亭内为祭祀大典忙碌服务的是一支数量庞大的队伍，这支队伍的人数历代多有不同。清代时称作厨役，这些人员身着蓝布袍衣，系红布腰带，内穿白布衣。

宰牲的活动开始于祭天前一日夜间子时许，他们的分工非常明确，内部陈设、著坛、铺排、宰大牲、宰小牲、宰鹿兔、供祀、制作糗饵祭品。制作白饼、黑饼等，报牲、瘗埋毛血、安排蜡烛、修香、挑酒等均由专人负责，其余杂项厨差也有专人负责。

走牲棚

在南宰牲亭和南神厨宰杀、陈设完毕的牺牲，要在祭祀大典时运送至圜丘，因此，在圜丘与神厨、宰牲亭之间就必然存在一条运输通道，这条通道就是走牲棚。在举行祭天大典的冬至日，正属隆冬时节，难免风雪交加，为避免恶劣天气对运送牺牲产生影响，保持牺牲的完整无损，这时会在通道上搭设临时帐篷，因而此通道被形象地称为"走牲棚"。

圜丘坛外壝东棂星门外，向东出现的一条城砖路分别延续至神厨、宰牲亭的院门处，这就是昔日的走牲棚。至今，路两旁还留有当日插杆搭棚的插孔。

圜丘东的这组附属建筑因功能的相同而合理地组合在一处，在中国明清时期的祭天历史上发挥了一定的作用，是祭天建筑群中的重要一员。

神 厨

神厨位于皇穹宇东侧，隐约闪现在郁郁葱葱的柏林中，与天坛中轴线上的其它著名景区相比，圜丘坛神厨显得沉默了一些，它没有炫人的张扬，只是在喧闹中独辟属于自己的一份宁静，固守着自己数百年来积淀下来的历史沧桑和独特韵味。

神厨始建于明嘉靖九年（1530年），是专门制作祭天大典中所用祭品的场所。其建筑布局与祈谷坛神厨大致相同，坐北朝南的是神库殿，坐东朝西的是神厨殿，另外神厨殿西南角处还有一座六角井亭。

神库殿是神厨的正殿。神库是中国古代坛庙建筑中必不可少的建筑类型，它主要用以陈设祭祀用的各种供品和举行阅笾豆仪式。

神厨殿是配殿，是昔日制作祭祀供品的场所。其东西两个方向都是明窗，使室内能得到充分的采光。东窗下还有石制的洗涤槽，石槽底部还有排水口。当时就是在那里洗涤祭品的。

神厨历史上还用于展示牲只，明清时期规定：祭祀用的牺牲在祭祀典礼举行前一天要陈设神厨内，承祭亲王或大臣依次阅视，这项礼仪称为视牲。

今日的神厨殿已全然没有昔日制作供品时的忙碌，寂静之中反而更能使人忆起那景、那声，炉火与人影重叠交织的景象仿

圜丘坛神厨

佛仍在眼前闪动。古老的建筑留给人们无限的遐想。

斋心涤虑申诚敬的斋宫

斋 宫

在天坛的西南方有一处四周以深沟相环绕的古建筑院落，这就是素有"小皇宫"美誉的天坛斋宫。

斋宫远离天坛中轴线上诸景区，自成一景，这种偏居一隅的位置使它远离了热闹与喧嚣，置身其间，恍惚中感觉到一种与世隔绝的静谧和深沉。斋宫四周有御河相环绕，

斋宫东门

带你走进博物馆

意为防御之河。称之为河，仅可想见昔日斋宫御河水波粼粼的景象，但今日御河内已干涸无水。春夏之时，河底长满了各类青翠绿草，其间杂生着一些色彩绚丽的花朵，鸟儿也鸣叫着不时划过，清脆的叫声回荡在斋宫周围，古老的斋宫御河焕发出别样的生机。

斋宫始建于明永乐十八年（1420年），占地面积达4万余平方米，这里是明清祭祀大典前皇帝在天坛进行斋戒的场所。

斋戒是祭祀过程中的一项重要仪程，通过静心反省，清除杂念，抑制不良的欲望。中国古代礼制规定皇帝在祭天前要进行斋戒，表达对皇天上帝的尊重，并建专门的斋戒场所供皇帝斋戒。

清乾隆时期对斋宫建筑进行了大规模的

改建，建筑设计更显巧妙、建筑布局更显严谨，充分表明了对祭祀斋戒的重视。

斋宫平面布局呈正方形，整座建筑坐西朝东，面向祭坛，与天坛中轴线上坐北朝南的祈谷坛、圜丘坛等祭天建筑形成鲜明对比。这样的设计构思是表明贵为"天子"的皇帝在天坛祭祀时，也要恭敬谦卑，以表达对皇天上帝的尊崇之情。

另外斋宫殿顶均覆以绿色琉璃瓦，而没有使用代表皇帝至高无上的黄色，这也进一步说明皇帝在皇天上帝的面前是谦卑、恭顺的。

除了斋宫外面的御河以外，斋宫内还有一条内御河，两条御河以"回"字形将斋宫紧紧环绕。这是因为明初的天坛位于京城郊外，并没有坛墙的保护，孤悬郊野，形势危险，为防不测，只有依靠御河进行全面防护。清代时天坛已圈入外城，斋宫御河的防护作用有所削减。清高宗乾隆时将西侧的内御河填平建成寝宫。

乾隆皇帝并对明代掘河以御不测之举大不以为然，曾作诗讥讽其事："守德由来胜守险，当年何事堑防门。"意为拥有良好的操守德行比占据险要地势进行防御更为有效。

沿斋宫宫门左右两侧长长的一排即为河廊，河廊环宫墙一周，共计163间。这长长的河廊昔日曾是八旗兵丁的侍卫所。清初举行祭祀大典时，皇帝从紫禁城一出发，身边便一直跟有祭祀扈从。当驻跸斋宫时，斋宫四围更是戒备森严，河廊便成为大批的随行

侍卫站岗放哨的最佳场地。可以想见，斋宫外御河水涛起伏，神秘莫测，幽长的河廊上满是全副武装的宫廷侍卫，严阵以待，这威严的阵势足以震慑任何有非分之想、妄图侵入斋宫的人。

斋宫环境清致幽雅，四处充溢着一种谐和安谧的氛围，一东一西分布着斋宫的两座主要建筑——无梁殿、寝宫。无梁殿气势巍峨，是皇帝斋戒期间举行活动、会见阁僚及百官候驾的场所；寝宫小巧雅致，是皇帝斋戒时就寝休息的宫室。围绕在其四周的还有整齐排列的房屋，包括皇帝随从侍奉人员休息的随事房，太监及首领太监的典守房、值守房以及为皇上准备御膳和茶点的点心房、茶果局，为皇帝储存冠袍履带的衣包房等。

带你走进博物馆

整个斋宫内有228间房屋，结构布局巧妙精致，正是由于斋宫内各式功能的建筑几乎一应俱全，宛如一座小皇城，"麻雀虽小，五脏俱全"，因此斋宫得有"小皇宫"的美称。

斋宫四周满是浓密苍翠的古柏，并有石甬路穿过柏林与舆道相通。于幽静之处品味古代皇帝祭天的盛况与场面浩大，斋宫之行绝不枉然。

斋宫御河廊

无梁殿

无梁殿是斋宫的正殿，明清皇帝斋宿斋宫时在此会见群臣，举行活动。殿前有宽广的月台，四周密植松柏，越发衬托出其气势轩昂、高大壮观。

无梁殿之得名缘自其独特的建筑结构，它与中国传统建筑手法中多使用木料迥然不同，整座大殿除门窗外，枋、椽、柱均不使用木料，即使檐下斗栱也以陶砖仿制，内部不用梁柱承重，正是由于大殿无梁无柱，而

无梁殿

是砖拱券结构，故称无梁殿。

从明代直至清前期，皇帝斋戒时一直居住于无梁殿内，这种状况持续至清朝雍正年间时发生了改变。历史上关于雍正即位曾有着种种传闻，而当时社会中流传的雍正帝杀父弑兄逼母的言论更是塑造出一个阴险、寡恩、薄情的卑鄙小人形象，姑且不论这些传闻是否属实，事实上清世宗雍正当时的确树敌颇多，因此时刻忧虑个人安危。对于每年需要在偏远孤寂的天坛斋宫斋戒三日的做法，尽管有坚固宫墙的防御、众多侍卫的防守，雍正仍感到身家性命受到威胁，为避免自己在斋戒时遭政敌谋害，雍正决定在紫禁城中新建一座斋宫。雍正九年（1731年），新斋宫建成，而此后雍正帝的斋宿也改在此斋宫中进行。

到了乾隆时期，祭天礼仪更加完善，祭天大典备受重视，乾隆皇帝为表达其祭天诚意，认为斋戒还应在郊坛斋宫进行。针对天坛斋宫破损的情况，乾隆七年（1742年）时颁诏整修斋宫，自此斋宫格局基本定型。

从此，大祀斋戒又移至天坛斋宫，每到斋期，皇帝先在紫禁城斋宫内斋戒二日，再至天坛寝宫斋戒一日。无梁殿于是成为皇帝会见阁僚及百官候驾之所了。

无梁殿以"大祀斋戒"为主题进行专题展览，无梁殿明间按照清光绪十二年（1886年）的档案资料记载进行了原状陈设，正中陈设有皇帝宝座，后面为清紫檀瘿木屏风，雕刻精美，人物、山水惟妙惟肖，是非常珍

无梁殿明间陈设

展室

贵的文物精品。屏风上方悬挂乾隆皇帝御笔亲书的"钦若昊天"的大匾。"钦若昊天"出自《尚书·尧典》："乃命羲和，钦若昊天，历象日月星辰，敬授民时"。该段文字记述了帝尧时期观天象物候，测日月运行规律，推演历法，定四时变化，并按季节祭祀日月星神，以安排人们的生产和生活。"钦若"意思是尊敬、顺从，指的是人们应该遵从"天"的规律，顺从天意，达到天人合一的理想境界。

无梁殿南北两梢间和次间的展览主题分别为"守德由来

带你走进博物馆

胜守险——斋宫建筑展"、"洗心涤虑对苍昊——斋戒仪"、"动静存诚慎致斋——百官斋戒"、"虔居斋室洁明裡——皇帝御斋宫",全面系统地介绍了斋宫的历史沿革、建筑沿革、斋戒礼仪等,从明清帝王对祭祀斋戒的重视程度反映出对"天"的敬畏和尊崇。

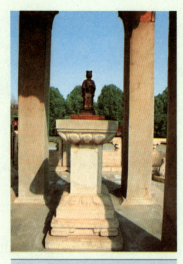

铜人亭

斋戒铜人亭

在无梁殿前月台的北侧,有一处小巧玲珑的四方石亭,这就是斋戒铜人亭。石亭内有一石座,石座上摆放着一尊铜人铸像,铜人做手持斋戒牌状。

设置斋戒铜人的做法源自明太祖朱元璋时期,为了防止斋戒期间人心浮动,朱元璋

时特命礼部铸铜人用以警示,铜人手执牙简,牙简上明白写有致斋期限、目的,以时时警戒斋戒者,此制一直沿袭至清。

现在天坛内留存下来的仅有三尊清代铜人,这些铜人的共同特点均为立像,戴冠,左手向胸,右手平抬向上,作抱持"斋戒牌"状。脚下有方形底座,以钎插接。但各铜人

又有不同之处：一尊为连鬓；一尊为颌下有髯，红唇。这两尊铜人为文官装束，相传分别为明朝乐官冷谦、唐朝著名谏臣魏征。另一尊铜人为宫廷内监打扮，相传为明朝太监刚炳。

斋戒铜人起着监督、告诫的作用，唐太宗李世民曾有一段话："以铜为镜，可以正衣冠；以古为镜，可以见兴替；以人为镜，可以知得失，魏征没，朕亡一镜矣。"魏征作为历史上直言善谏的代表人物，是刚正不阿、直言敢谏之士的化身，被视作斋戒铜人的原型是理所应当的。

冷谦身处元末明初时期，浙江钱塘人氏，人到中年尚在南京卖药为生，后隐居在杭州西湖东南的吴山，此人知音律，善鼓瑟。

朱元璋称吴王后，着手对礼乐进行整饬，冷谦得以起用，任协律郎。

内监打扮的铜人据说是专为皇后祭先蚕坛斋戒时所准备，而传说中其原型刚炳为明永乐时期的司礼监太监，此人初曾跟随朱棣进行"靖难之役"，骁勇善战，持百斤铁枪，战功赫赫，有"从龙"之劳，朱棣曾称呼他"铁"，因此时人也多以"铁刚"或"刚铁"称之。朱棣夺得帝位后，遂任命刚炳掌司礼监。

清朝进铜人礼基本沿袭明朝，且更加繁复冗长。自雍正皇帝以后的皇帝在皇宫内斋戒的二日，斋戒铜人会陪伴在皇帝身旁。第三日，皇帝起驾至斋宫，紫禁城乾清门中门之左前摆放有黄案，由太常寺官员行礼，斋戒牌向南、铜人向西置放其上，行一跪三叩礼，结束后，再将斋戒牌、铜人安放于斋宫无梁殿前铜人亭内正中，铜人南向。祭祀当日礼成后，太常寺官员赴斋宫，撤斋戒铜人，贮于匣内，送缴寺库。

时辰亭

在月台南侧、与铜人亭正对，还立有一处石亭，称作时辰亭，又名奏事亭。此亭以青白石制成，其建筑形式、风格与铜人亭迥然不同，高约1米的石台之上立着一座半米高的小石龛，形如宫室。相比之下，更显铜人亭的华丽气势。时辰亭是祭祀时用来放置时辰牌的地方。时辰牌即是奏书，这里专指举行祭礼的当日早晨，请皇帝御驾诣坛的奏书。祭祀大典前，时辰牌先由太常寺及钦天监官员呈送在时辰亭内，再由执事人员转递首领太监，面呈皇帝。

时辰亭

寝 宫

无梁殿后正中对着一座垂花门，垂花门两侧是成片的雪松，透过垂花门，一座大殿在枝叶繁茂的树木掩映下，显得静寂而清幽，这大殿正是昔日皇帝斋宿斋宫时的场所——寝宫。

寝宫始建于清乾隆七年（1742年），其所在位置曾是斋宫内御河的西段，乾隆年间恢复在天坛斋宫斋宿的旧制，将西侧内御河填平，建立寝宫，从此寝宫便成为清代乾隆以后诸位皇帝举行祭祀斋戒前一日的落榻之处。

寝宫面阔五间，正中为寝殿，殿前有廊，廊下槛墙明窗，阳光可直贯室内。冬日午后的阳光穿透窗棂直射在窗边的案几上，清幽肃穆之处徒增丝丝暖意，清代几位皇帝都留有妙语佳句描述寝殿：从乾隆皇帝的"斋殿南厢十笏居，明窗坐觉体安舒"，似乎仍能感受到那份留存的温暖。

斋宫斋戒之时正值天寒地冻，在寝宫的北梢间内特设有熏炕，以保持室内的温暖。因熏炕需要燃烧消耗太多的木柴，嘉庆皇帝时曾降旨，要求削减木柴用量。

寝殿前放置有两口特大水缸，缸内一年四季贮满清水，以备火患。到了寒冬时分，为防止缸内蓄水结冻，水缸下会放置燃烧有炭火的铁屉，保证随时可以使用。现寝殿前仍可看到这两口昔日的大缸，缸面已呈斑驳状，历史沧桑感赫然在目。

虽然作了相应的防范措施，但火灾还是不幸发生了，清嘉庆十二年（1807年）的祭祀大典前夕，寝宫不慎毁于火灾，寝殿及配殿均被焚毁，而导致失火的罪魁祸首正是熏炕。事后相关负责人员均受到严惩。此次事故发生之后，嘉庆皇帝专门颁下御旨，所有坛庙熏炕，永远停止。

目前寝宫按照清同治十二年（1873年）历史原状予以恢复。作为皇帝寝宿场所，其殿内装饰风格古朴雅致，匾额、字

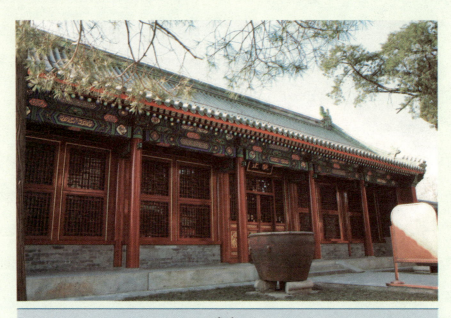

寝宫

画等陈设为皇帝祭祀斋宿营造出静谧的氛围，使皇帝能够精一心志恭候祭天大典的到来。

钟 楼

在斋宫的东北角坐落着一座二层红墙绿

钟楼

瓦的建筑，这就是斋宫钟楼。它坐北朝南，一层四面均设有拱券门，二层四面均开有窗棂。

现钟楼内共悬挂有两口青铜大钟，二层悬挂着的大钟名太和钟，因其制成于明永乐年间，所以后世又称之为永乐大钟。大钟的钟声浑厚洪亮，绵延不绝。在永乐大钟的下方还悬挂着一口古老的铜钟，为乾隆年间铸造，因而被称为乾隆大钟。

太和钟作为郊庙祭祀中使用的一种礼器，其名称还有个来历。当年明太祖朱元璋

乾隆大钟

修建南京天坛时，在斋宫东北修建了钟楼，同时仿造宋代景钟铸造了一口大钟。洪武六年（1373年）钟成，其规制遵循九九之阳数，钟高达八尺一寸。

钟成之后，曾有礼部官员向皇帝奏请，以景钟名之，朱元璋认为，景钟是古钟名，应该有所变更，于是就采用周易中"保合太和"之义将大钟命名为"太和钟"。所谓保合太和，"保谓常存，合谓常和"。这是《周易》最重要的哲学思想。

如今人们面前的这座太和钟，是明迁都

北京后永乐皇帝时重铸的。永乐十八年（1420年）迁都北京后，一切沿用洪武之制，建天地坛的同时，也在斋宫建钟楼、铸太和钟。清初太和钟弃而不用，钟楼也随之倾圮。清乾隆八年（1743年）钟楼重建，再悬太和钟。

昔日皇帝来天坛祭天，日出前七刻于斋宫起驾之时，太和钟开始被敲响，直至到达祭坛时方才停止。待祭祀大典结束，皇帝再次起驾时，大钟随之又被敲响。整个天坛上空钟声回荡，绵延不绝，为祭坛原有的神圣氛围又添一抹庄重与肃穆。

在太和钟下方悬挂的乾隆大钟高2.08米，厚0.1米，直径1.57米。钟上镌刻有"大清乾隆年造"的字样。此钟敦实厚重，青铜泛出的色泽也隐隐折射出历史光阴的刻痕。钟顶上精美的拱龙造型独特逼真。该钟原露天放置于钟楼往南的路尽头，恰与钟楼南北遥相呼应。为了更好的保护文物，将此钟安放于钟楼内，与太和钟一同静静地经历着岁月的流逝。

带你走进博物馆

演练祭天乐舞的神乐署

在斋宫的西南，坐落着一处充满古代音乐风韵的院落，此处即为神乐署。神乐署单独成院，整齐划一，自成一景，其整体建筑坐西朝东，与斋宫内建筑朝向相同。院内建筑颇有气势，现存建筑主要有凝禧殿、显佑殿、署门及群房。作为明清时期专门培训祭祀乐舞生演习祭祀礼乐的场所，神乐署形象生动地展现了中国古代皇家祭祀音乐发展的风貌。

营建神乐署并非北京天坛首创，早在明太祖朱元璋在南京建造天地坛的同时，就已建造了神乐观。永乐皇帝迁都北京后，在大祀殿西仿南京旧制建神乐观。因为明代的皇帝多崇尚道教，当时神乐观内的乐舞官都由

道士担任，负责培养和训练乐舞人才，演习乐舞，以备祭祀之需，最盛时观中有道士几千人，所以神乐观又称为"天坛道院"。

正因为道士的存在，神乐署一带渐渐成为繁华所在，失去了作为郊坛重地的肃穆清静之感。直至雍正年间，皇帝听说有大臣官员在坛内饮酒嬉戏、放鹰打枪等事，动了盛怒，用了强硬手段严加整治，自此进坛游玩的人锐减。

乾隆六年（1741年），诏令坛庙重地严禁商贾云集，令神乐观内禁止栽花，各种铺面迁至坛外，以净坛地。

乾隆七年（1742年），诏令严禁乐官习道教，不愿从业的人削籍为民，将神乐观中道

士全部驱逐，神乐观没有了道士于是改名为神乐所。乾隆十九年（1754年）再改神乐所为神乐署。而乐舞生也选用年少俊秀的八旗子弟充任。天坛乐舞生的演礼在祭祀大典前40日开始，每旬逢三、六、九日，由太常寺堂官亲自率领乐舞生在神乐署凝禧殿进行演

礼。北京各坛庙祭祀的乐舞生，均由神乐署生员中选拔充任。祭典举行前，所有参礼官员均须至神乐署演练。

嘉庆十三年（1808年），嘉庆皇帝下令取消神乐署内的商店，只保留药店。1914年，袁世凯称帝并举行祭天仪式后，下令将所有药

神乐署署门

带你走进博物馆

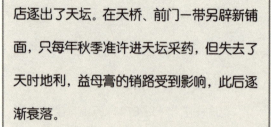

店逐出了天坛。在天桥、前门一带另辟新铺面，只每年秋季准许进天坛采药，但失去了天时地利，益母膏的销路受到影响，此后逐渐衰落。

随着清朝的灭亡，神乐署也逐渐失去了以往的功能，1914年，袁士凯改神乐署为燕乐所，不久即撤消。

历史上的神乐署作为演练古代雅乐的机构，曾发挥了重要的作用，为了传承和弘扬中国古代祭祀音乐，神乐署现开辟为中国古代皇家音乐展，更加深入和广泛地对古代音乐发展史进行宣传和普及，展览从乐律、词曲、乐器、乐舞、服饰等诸多方面对古代雅乐进行全面的展示和介绍，使神乐署成为全面了解中国古代祭祀乐舞知识的博物馆。

凝禧殿

凝禧殿是神乐署正殿，坐西朝东，明代时曾称太和殿，清康熙年间改为凝禧殿。是礼部太常寺官及乐部执事官生演礼演乐的地方。明清两朝祭祀前二日，太常寺堂官即率属在凝禧殿内举行演礼。

凝禧殿内现辟为中和韶乐展演大厅，舞台上摆放着中和韶乐的各式演奏乐器，游人可在此欣赏到中华雅乐——中和韶乐的演奏。

殿内悬有"玉振金声"匾，匾为青底金书，是清乾隆皇帝御笔亲书。"玉振金声"语出《孟子·万章下》："孔子之谓集大成。集大成也者，金声而玉振之也。金声也者，始条理也；玉振之也者，终条理也。"中和韶乐集众音之大成，以钟发声，以磬收韵，后世用以比喻才学精妙，声名远扬。

带你走进博物馆

凝禧殿

显佑殿

凝禧殿西侧大殿为显佑殿，是供奉玄武神及北方七星的殿宇。初名玄武殿，是道士祭祀北方玄武大帝的场所。玄武，是北方七星宿的总称，宋时因避讳，改玄为真，为真武帝，真武帝是北方的镇护神。

明末时将玄武殿改为显佑殿。其内檐彩画属于清早期之作，色彩斑斓，弥足珍贵。显佑殿前还设有神帛炉。

显佑殿被辟为中国古代音乐名人堂，陈列着中国古代音乐名人伶伦、夔、伶州鸠、京房、祖孝孙、何承天、陈旸、朱载堉的雕塑，

显佑殿

鼓展室

显佑殿内景

墙面以巨幅壁画相环绕，呈现中国古代音乐发展的大致历程。

神乐署群房现存七十一间，为旧通赞房、恪恭堂、正伦堂、侯公堂、穆俏所、昭俏所、掌乐房、协律堂、教师堂、伶伦堂、显礼署、奉祀堂、袍服库，它们联檐通脊，环绕凝禧殿、显佑殿而设。

现在这里被布置成为各类音乐主题展室，分为各类乐器展室、乐律展室等，结合文字、图片、实物，采用声、色、形，动静结合的演示手段，向人们展示中国古代音乐的发展过程。

消失了的记忆——牺牲所、崇雩坛

牺牲所
——祭祀牺牲的豢养之地

天坛牺牲所始建于明永乐十八年（1420年），原址位于神乐署的南面，作为祭祀牺牲之神和豢养祭祀牺牲的指定场所，曾经规模极盛。其占地颇广，房宇众多，既有供奉牺牲之神的神牲堂，又有专管牧养牲只的人员居所，当然，数量最多的是豢养祭祀山川百神牺牲的屋舍，牺牲所内大大小小各式房舍多达百余间。今已无迹可寻。

祭祀大典中供献给各类神灵的牺牲在祀前都要提前挑选完毕进行豢养，即所谓"入涤"，大祀时所用牲畜一定要入涤九旬。明清时的豢养地选择在天坛牺牲所内。

当时豢养的牺牲主要有牛、羊、猪、鹿、兔等。这些牺牲的来源，明代时由各省贡献，清代时改由内务府及顺天府衙门承办。挑选牺牲有着严格标准，比如祀牛，必须选头角端正、健壮、无杂色毛的黑牛。当时内务府每年都要派遣官吏远赴口外蒙古去购求。

牺牲所坐北朝南，内有垂花门，垂花门内建有大祀牲房，也称牛房，是牺牲所的正殿，牺牲所的主要建筑还有太庙牲房、社稷牲房、羊房、兔房、鹿房、猪圈、晾牲亭、谷仓、草厂及后牛房。

明清时期各个坛庙祭祀用牲都要先送至

天 坛

牺牲所饲养，祭祀前数日再送至祭所制作，皇帝举行大祀之前还要到牺牲所省牲，祭祀牺牲之神。然而到了民国时期，牺牲所逐渐

遭到破坏。今牺牲所仅留有数块遗石，向人们展示着曾经经历的那段历史。

带你走进博物馆

牺牲所遗石

崇雩坛

与牺牲所相比，崇雩坛在历史上存在的时间更为短暂，作为用来举行孟夏祈雨和仲夏大雩的祭坛，崇雩坛自明嘉靖十一年（1532年）建成到清乾隆十二年（1747年）拆除，存在了215年，而且在此期间，也多为闲置状态。尽管如此，崇雩坛仍然在天坛祭祀建筑中留下了深深的印记。

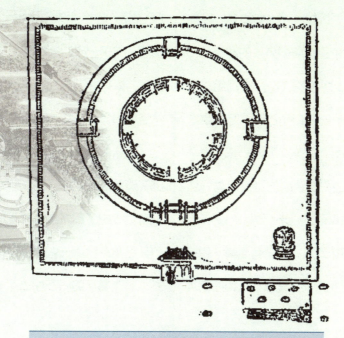

崇雩坛

带·你·走·进·博·物·馆

带你走进博物馆

　　它的原址位于圜丘坛泰元门的东面，中国古代将举行求雨的祭祀称为雩祀。明朝初年，关于举行雩祀并没有定制，也没有固定的仪程，多在宫内举行。至明嘉靖八年（1529年）时才规定由皇帝在南郊进行求雨，而且仪式也颇为简单。嘉靖九年（1530年）嘉靖皇帝朱厚熜采纳吏部给事中夏言的建议，在圜丘泰元门外选址兴建崇雩坛，专门用来举行祈雨。这在《明史》中有记载："乃建崇雩坛于圜丘坛外泰元门之东，为制一成，岁旱则祷，奉太祖配。"初建成的崇雩坛为一层坛，配祀神位供奉明太祖朱元璋。

　　但是自崇雩坛建成，也只有嘉靖一朝在此举行过两次雩祀大典。其余雩祀均在圜丘举行，这种状况一直延续至清初。清朝时规定雩祀属于大祀的一种，并将雩祀分为三等：一、常雩，每年孟夏（阴历四月）择吉日定期举行，地点在圜丘；二、常雩后如果仍不降雨，则改在天神坛、地祇坛、太岁坛（此三坛均在今北京市先农坛内）举行，仍不降雨，即于七日后赴社稷坛（今北京市中山公园）举行；三、大雩礼，在三坛祈雨仍无结果后举行，由皇帝亲自至圜丘祭祀。

　　因崇雩坛长期闲置无用，逐渐荒芜废弃。到了清乾隆十二年（1747年）十二月，乾隆皇帝诏令由工部将崇雩坛废垣拆除，并将所有砖石用来修建天坛坛墙。现在天坛只仅有数十方崇雩坛的白石柱础存于泰元门内。

迁来的古建——百花亭、双环亭、扇面亭

百花亭、双环亭位于天坛内坛的西北，是两处全开放式亭式景区，因为它们属于迁移古建，因此其建筑风格与天坛其他祭祀建筑相比有显著区别。

百花亭原建于北京市东城区西总部胡同，是清末重臣李鸿章家祠堂的慈禧太后御碑亭。20世纪70年代末迁建天坛。百花亭原为黑琉璃瓦顶，后改为黄琉璃瓦蓝剪边，重檐六角攒尖顶，黄琉璃宝顶。檐柱间设置有坐凳，便于游人休息。

百花亭所绘彩画为典型的苏式彩画，苏式彩画源于苏州，以幽雅生动见长。百花亭则是因其彩画多饰以花卉兰草而得名。其亭外彩绘色彩艳丽、内容丰富，亭内一幅百花争艳的景象，亭外则绿草如茵、古木参天，二者相映成趣，煞是迷人。

百花亭的四周还植有各类林木，在黄杨、雪松、海棠等绿色植物的共同装扮下，百花亭愈发显得绚丽多姿。

双环亭在百花园的北侧，原建于中南海内，是乾隆六年（1741年）时乾隆皇帝为给其母祝贺五十大寿而建。双环亭原址曾位于中南海南海东北角的淑清院，后因中南海要修建卫戍部队营房及办公人员宿舍，将双环亭移至天坛公园。

此亭是由两个圆亭套合而成，因而称双环。又因其亭基为桃形石台，平面形状寓意一对寿桃，亭前台阶形若两个桃尖，取

"和合、吉祥、长寿"之意，所以双环亭又称桃亭。

双环亭的结构奇特严谨，造型端庄匀称。两圆亭均是重檐，上檐是孔雀蓝琉璃黄瓦剪边，下檐是黄琉璃蓝瓦剪边。单翘单昂五彩斗栱，亭内绘苏式彩画，色彩明快艳丽。

双环亭两侧游廊蜿蜒曲折，游廊两侧栽植有西府海棠、紫叶李、连翘、丁香，花开时节有阵阵清香弥漫在空气中。

双环亭前后均铺有大面积的草坪，草坪

百花亭

双环亭

中蜿蜒有碎石小径，又有一簇簇的铺地柏及各色花木，草地中还有云杉、雪松。

双环亭东南为一处玲珑的假山石，山石形态各异，人们可听凭自己的想象力天马行空，臆想出不同的答案来。扇面亭就坐落在群石环绕之中。扇面亭原位于北洋官僚曹汝霖之宅邸，1977 年与双环亭一并移建于此。此亭造型奇特，前窄后宽，结构精巧复杂，平面别出心裁，为古代折扇的扇面形状，因而取名"扇面亭"。假山的四周环植有偃松、珍珠梅、丁香、金银花等数种观赏植物。

双环亭两侧游廊

扇面亭

苍劲虬獴的古树名木

天坛坛域广阔，大面积的古树营造出北京市区内罕见的郊野风貌。美国前国务卿基辛格博士对天坛情有独钟，曾多次来到天坛参观考察，见到天坛古木参天所形成的独特环境时，曾发出这样的感叹：以美国的财力，我们可以建造十个甚至上百个祈年殿；以美国的历史，我们却培植不出哪怕一棵这样的古树来。

天坛现存古树3562株，多植于明清时期，是天坛活的文物。天坛的数千株古树，依据树龄的不同而在树身上佩戴

九龙柏

有不同颜色的树牌，这些树牌相当于每棵树的身份证一样向人们展示着自己的曾经沧桑。凡三百年以上的均悬挂红色树牌，为一级古树；一百年以上、三百年以下的悬挂绿色树牌，为二级古树。天坛现存一级古树1147株，二级古树2415株。这些树形奇特、姿态万千的柏树，不仅见证了天坛几百年间的发展历程，也见证了北京城的历史演变，引得人们驻足观赏。

带你走进博物馆

本册主编：杨晓东　李尚金

副 主 编：于　辉

执　　笔：张晶晶

封面设计：周晓玮

责任印制：陈　杰

责任编辑：冯冬梅

图书在版编目(CIP)数据

天坛／天坛公园管理处编.－北京：文物出版社，
2008.8

（带你走进博物馆）

ISBN 978-7-5010-2524-4

Ⅰ.天… Ⅱ.天… Ⅲ.天坛－简介 Ⅳ.K928.73

中国版本图书馆 CIP 数据核字（2008）第 097074 号

天　坛

天坛公园管理处　编著

文物出版社出版发行

（北京东直门内北小街2号楼）

邮政编码：100007

http://www.wenwu.com

E-mail：web@wenwu.com

北京文博利奥印刷有限公司制版

文物出版社印刷厂印刷

新华书店经销

880×1230　1/24　印张：4

2008年8月第1版　2008年8月第1次印刷

ISBN 978-7-5010-2524-4　定价：22元